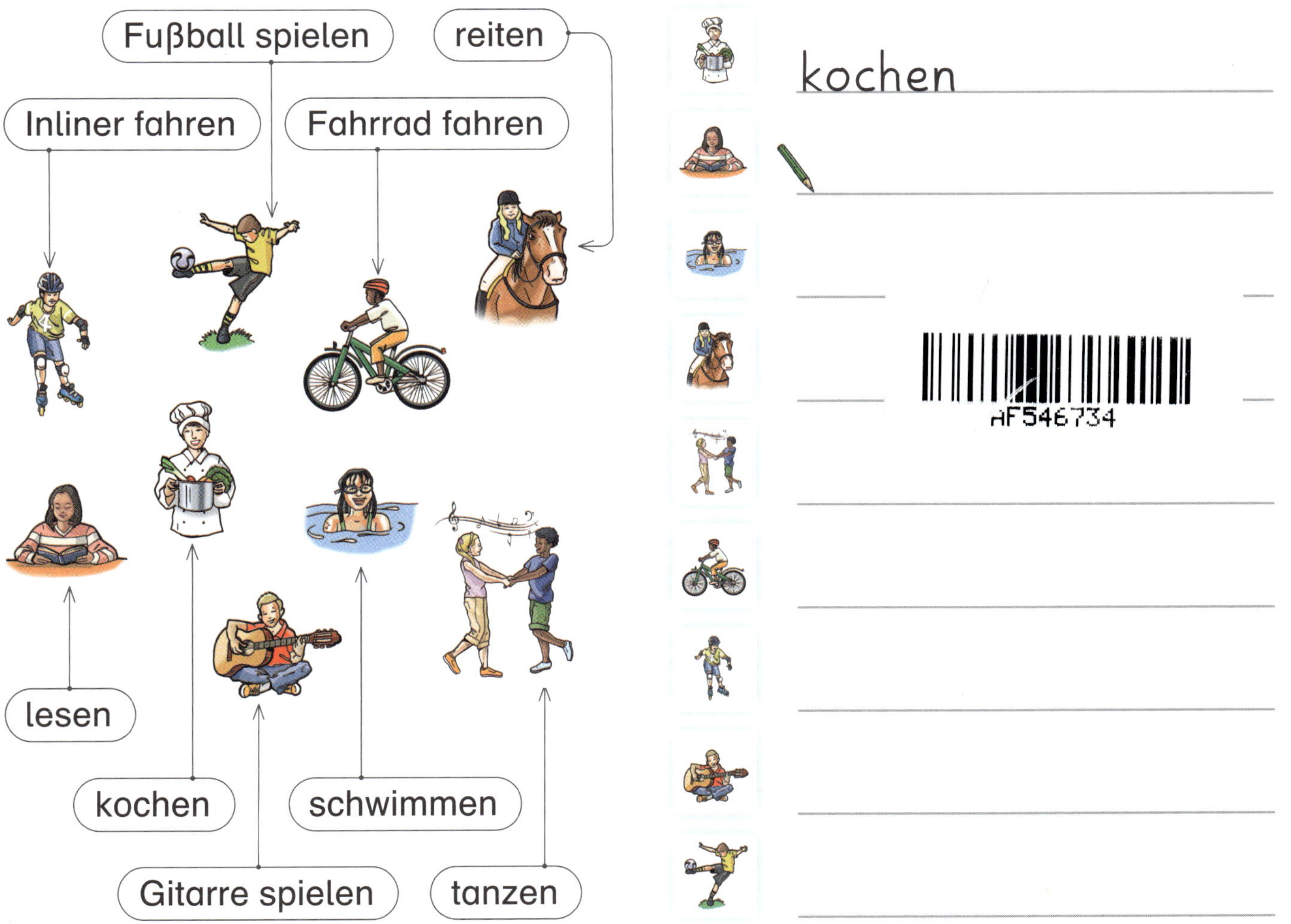
Fußball spielen
reiten
Inliner fahren
Fahrrad fahren
lesen
kochen
schwimmen
Gitarre spielen
tanzen
kochen
AF546734

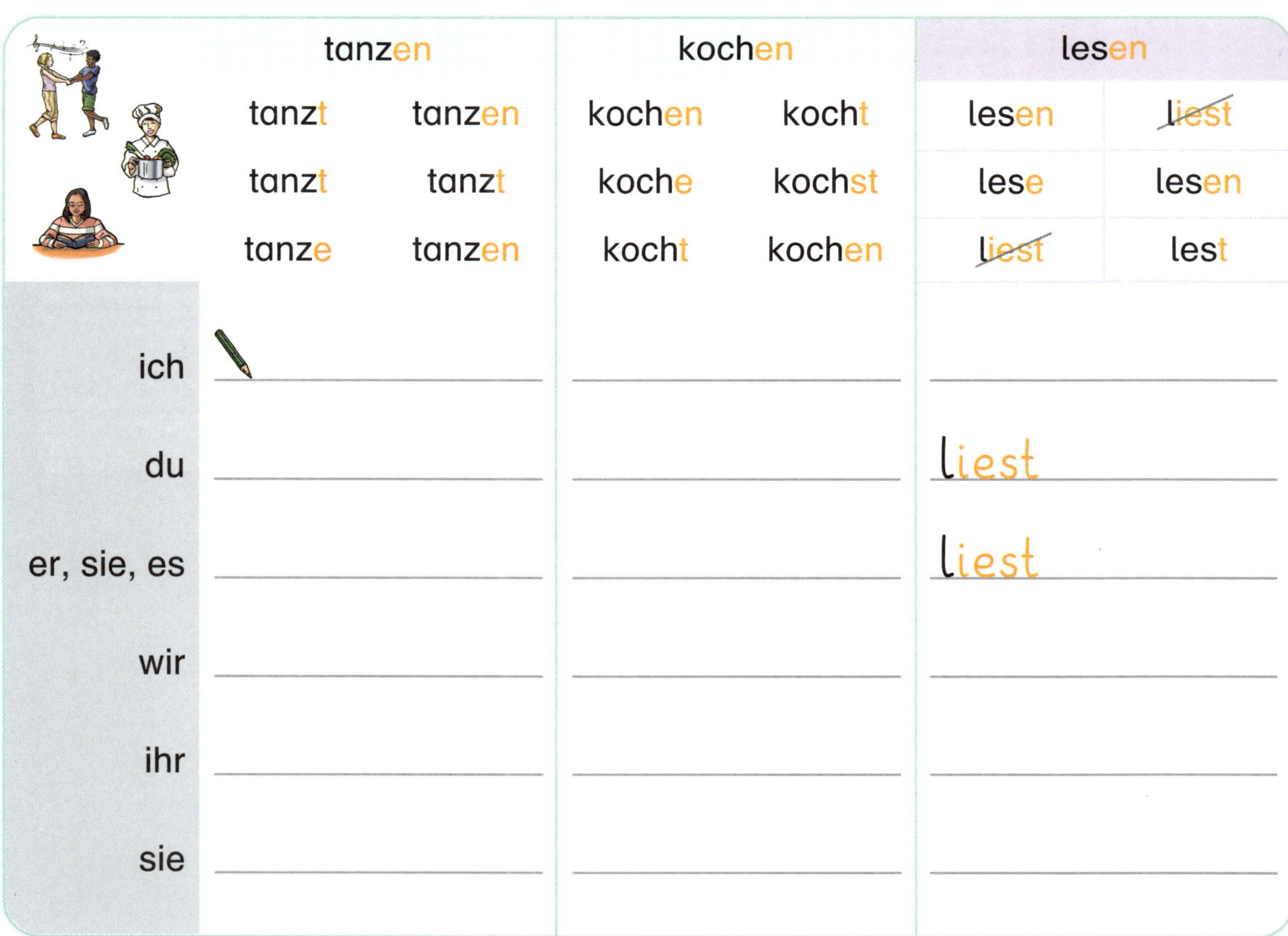

| | tanzen | | kochen | | lesen | |
|---|---|---|---|---|---|---|
| | tanzt | tanzen | kochen | kocht | lesen | ~~liest~~ |
| | tanzt | tanzt | koche | kochst | lese | lesen |
| | tanze | tanzen | kocht | kochen | ~~liest~~ | lest |
| ich | | | | | | |
| du | | | | | liest | |
| er, sie, es | | | | | liest | |
| wir | | | | | | |
| ihr | | | | | | |
| sie | | | | | | |

| | reiten | | schwimmen | | fahren | |
|---|---|---|---|---|---|---|
| | reitet | reite | schwimmen | schwimmt | fahren | fährst |
| | reitet | reiten | schwimme | schwimmst | ~~fährt~~ | fahrt |
| | reitest | reiten | schwimmt | schwimmen | fahre | fahren |
| ich | | | | | | |
| du | | | | | | |
| er, sie, es | | | | | fährt | |
| wir | | | | | | |
| ihr | | | | | | |
| sie | | | | | | |

Liest sie?

☐ Ja

☐ Nein

Fährt er Fahrrad?

☐ Ja

☐ Nein

Kocht er?

☐ Ja

☐ Nein

Tanzt er?

☐ Ja

☐ Nein

Fährt sie Inliner?

☐ Ja

☐ Nein

Schwimmt sie?

☐ Ja

☐ Nein

Schwimmt er?

☐ Ja

☐ Nein

Spielt sie Fußball?

☐ Ja

☐ Nein

Spielt er Fußball?

☐ Ja

☐ Nein

Tanzen sie?

☐ Ja

☐ Nein

Spielt er Gitarre?

☐ Ja

☐ Nein

Reitet sie?

☐ Ja

☐ Nein

Kocht ______ er?

______ du?

______ es?

______ sie? (Plural)

______ ich?

______ sie? (Singular)

______ wir?

______ ihr?

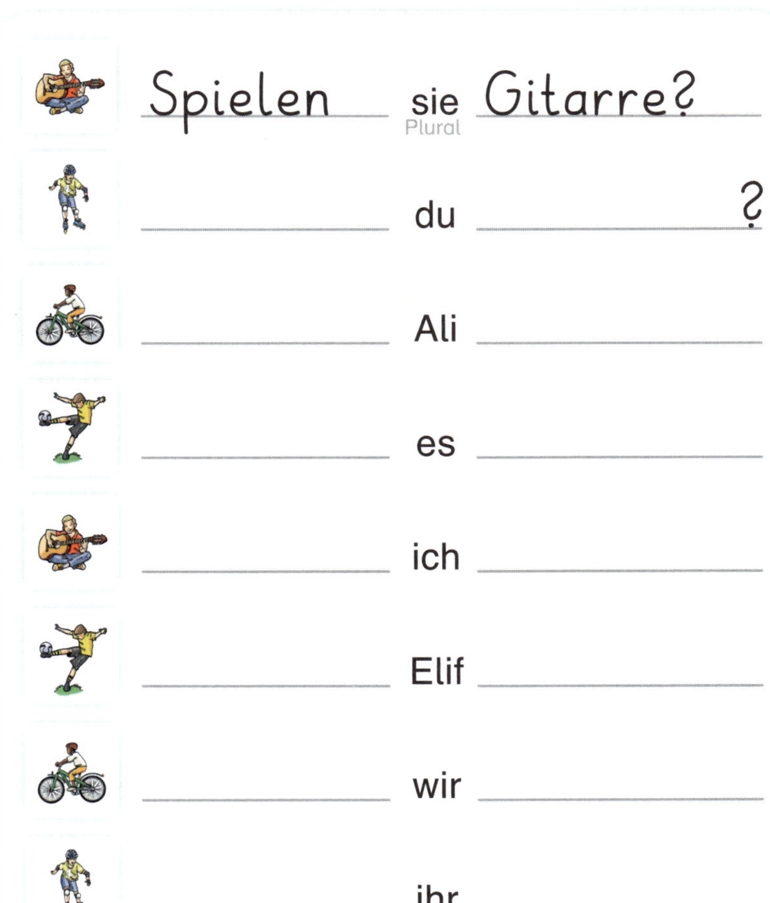

Spielen ______ sie (Plural) ______ Gitarre?

______ du ______ ?

______ Ali ______

______ es ______

______ ich ______

______ Elif ______

______ wir ______

______ ihr ______

Hobby

Ich spiele Gitarre.

Mehrere Lösungen sind möglich. Die Verben müssen konjugiert werden.

☐ sein Ball
☒ ihr Ball

☐ seine Jacke
☐ ihre Jacke

☐ sein Ball
☐ ihr Ball

☐ sein T-Shirt
☐ ihr T-Shirt

☐ seine Hose
☐ ihre Hose

☐ sein T-Shirt
☐ ihr T-Shirt

☐ sein Schuh
☐ ihr Schuh

☐ seine Schuhe
☐ ihre Schuhe

☒ seine Hose
☐ ihre Hose

☐ sein Schuh
☐ ihr Schuh

☐ seine Schuhe
☐ ihre Schuhe

## er – sein / seine

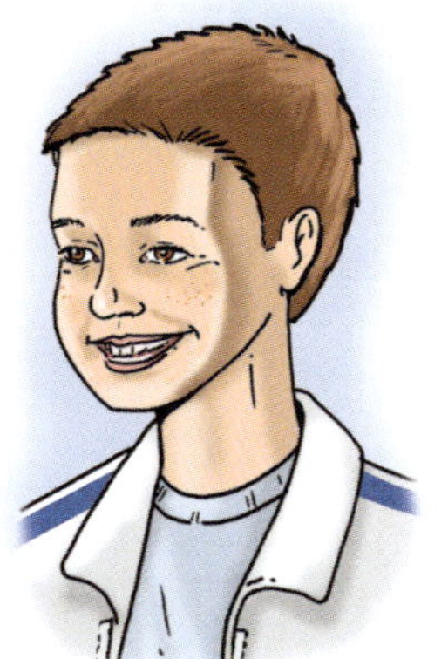

 sein Ball

 sein Lineal

 seine Jacke

 seine Hefte

 sein ________ Schal

 ________ Stiefel

 ________ Geld

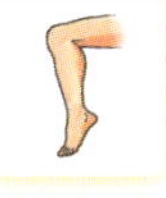 ________ Bein

________ Kappe

 ________ Brille

 ________ Schuhe

 ________ Haare

 ________ Stifte

 ________________

 ________________

 ________________

 ________________

 ________________

 ________________

 ________________

 ________________

 ________________

sie – ihr / ihre

ihr Mund

ihr T-Shirt

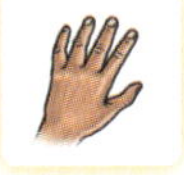

ihre Hand

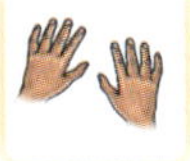

ihre Hände

ihr ______ Hund

______ Apfel

______ Glas

______ Buch

______ Maus

______ Uhr

______ Blumen

______ Kleider

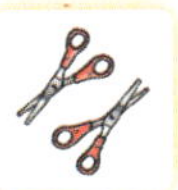

______ Scheren

______

______

______

______

______

______

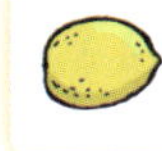

______

______

______

## du – dein / deine

 dein Ball

 dein Regal

 deine Puppe

 deine Stiefel

 ______________ Löffel

 ______________ Finger

 ______________ Bett

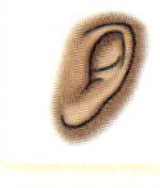 ______________ Ohr

______________ Hand

 ______________ Bank

 ______________ Gläser

______________ Hosen

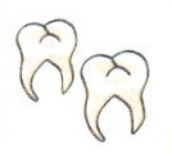 ______________ Zähne

 ______________________________

 ______________________________

 ______________________________

______________________________

 ______________________________

 ______________________________

 ______________________________

______________________________

 ______________________________

ich – mein / meine

mein Ball

mein Seil

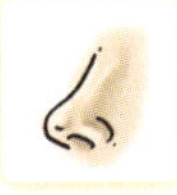

meine Nase

meine Bilder

______ Vogel

______ Zahn

______ Brot

______ Sofa

______ Tasse

______ Birne

______ Schuhe

______ Kühe

______ Tassen

______

______

______

______

______

______

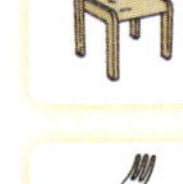

______

______

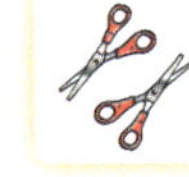

______

mein, dein, sein, ihr

| | | |
|---|---|---|
| 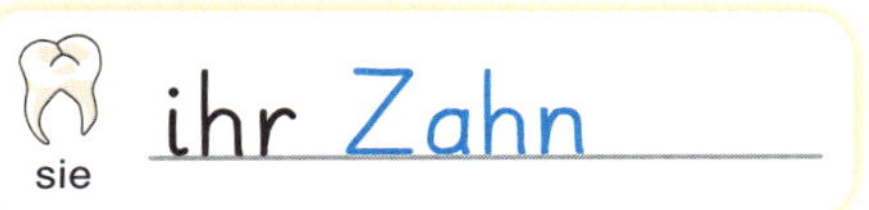 sie — ihr Zahn |  du — ______ |  sie — ______ |
|  er — sein Brot |  ich — ______ |  sie — ______ |
|  ich — meine Kappe |  er — ______ |  ich — ______ |
|  du — deine Schuhe |  ich — ______ |  er — ______ |
| er — ______ |  du — ______ |  du — ______ |
| sie — ______ |  ich — ______ |  er — ______ |
| ich — ______ |  sie — ______ |  du — ______ |

du

du

er

sie

er

ich

er

sie

du

ich

er

sie

du

ich

sie

ich

du

ich

sie

er

du

mein, dein, sein, ihr

| | |
|---|---|
| **Du** läufst schnell. | **Ihre** Bilder sind lustig. |
| **Ich** lese viele Bücher. | **Dein** Hobby ist Fußballspielen. |
| **Asle** hat ein Fahrrad. | **Mein** Garten ist grün. |
| **Mustafa** kocht Kartoffeln. | **Meine** Bücher sind dick. |
| **Sie** malt viele Bilder. | **Deine** Äpfel schmecken sauer. |
| **Er** trinkt Milch. | **Seine** Kartoffeln schmecken lecker. |
| **Ich** habe einen Garten. | **Seine** Milch ist heiß. |
| **Du** isst viele Äpfel. | **Ihr** Fahrrad ist rot. |

rot
braun
blond
kurz
lockig
die Zahnspange
lang
glatt
die Sommersprosse
die Farbe
der Geburtstag

Hallo, ich heiße Rana.

Ich bin zehn Jahre alt.

Ich komme aus Syrien.

Mein Geburtstag ist am 10.01.

Meine Mutter heißt Alima.

Mein Vater heißt Karim.

Meine Augen sind braun.

Meine Haare sind lang.

Sie sind braun und glatt.

Ich habe eine Brille.

Mein Hobby ist Fußballspielen.

| | |
|---|---|
| Wie heißt sie? | Sie heißt ______________________ . |
| Wie alt ist sie? | Sie ist ________________ Jahre alt. |
| Woher kommt sie? | Sie kommt aus ________________ . |
| Wann hat sie Geburtstag? | Ihr Geburtstag ist am ____________ . |
| Wie heißt ihre Mutter? | Ihre Mutter heißt ________________ . |
| Wie heißt ihr Vater? | Ihr Vater heißt __________________ . |
| Welche Farbe haben ihre Augen? | Ihre Augen sind _________________ . |
| Welche Farbe haben ihre Haare? | Ihre Haare sind _________________ . |
| Sind ihre Haare lang? | ☐ Ja ☐ Nein |
| Hat sie Sommersprossen? | ☐ Ja ☐ Nein |
| Spielt sie Fußball? | ☐ Ja ☐ Nein |

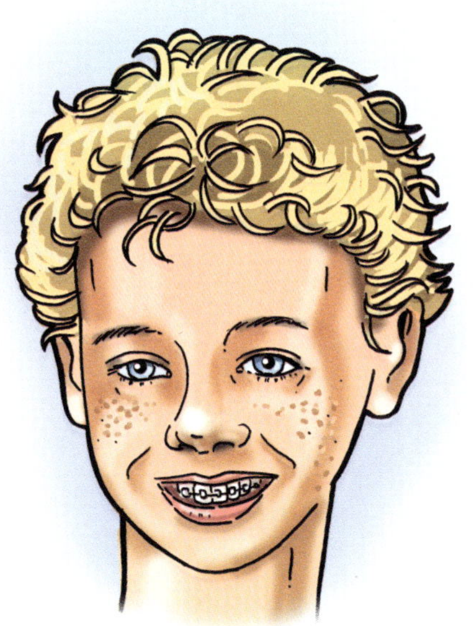

Hallo, ich heiße Erik.

Ich bin neun Jahre alt.

Ich komme aus Schweden.

Mein Geburtstag ist am 05.02.

Meine Mutter heißt Laura.

Mein Vater heißt Lars.

Meine Augen sind blau.

Meine Haare sind blond und lockig.

Ich habe viele Sommersprossen

und eine Zahnspange.

Mein Hobby ist Gitarrespielen.

| | |
|---|---|
| Wie heißt er? | Er heißt ______________ . |
| Wie alt ist er? | Er ist ______________ Jahre alt. |
| Woher kommt er? | Er kommt aus ______________ . |
| Wann hat er Geburtstag? | Sein Geburtstag ist am ______________ . |
| Wie heißt seine Mutter? | Seine Mutter heißt ______________ . |
| Wie heißt sein Vater? | Sein ______________ . |
| Welche Farbe haben seine Augen? | Seine Augen sind ______________ . |
| Welche Farbe haben seine Haare? | ______________ . |
| Hat er eine Brille? | ☐ Ja ☐ Nein |
| Hat er eine Zahnspange? | ☐ Ja ☐ Nein |
| Spielt er Gitarre? | ☐ Ja ☐ Nein |

Jetzt du!

| | |
|---|---|
| Wie heißt du? | Ich heiße ____________________ . |
| Wie alt bist du? | Ich bin ____________________ Jahre alt. |
| Woher kommst du? | Ich komme aus ____________________ . |
| Wann hast du Geburtstag? | Mein Geburtstag ist am ____________________ . |
| Wie heißt deine Mutter? | Meine Mutter heißt ____________________ . |
| Wie heißt dein Vater? | ____________________ . |
| Welche Farbe haben deine Augen? | Meine Augen sind ____________________ . |
| Welche Farbe haben deine Haare? | ____________________ . |
| Hast du eine Brille? | ☐ Ja ☐ Nein |
| Hast du eine Zahnspange? | ☐ Ja ☐ Nein |
| Spielst du Fußball? | ☐ Ja ☐ Nein |

die ______________________ viele ______________________ n

______________________ viele ______________________ n

______________________ viele ______________________ n

______________________ viele ______________________ e

Sind seine Haare lockig?

☐ Ja ☐ Nein

Sind seine Haare blond?

☐ Ja ☐ Nein

Sind ihre Haare glatt?

☐ Ja

☐ Nein

Sind seine Haare lang?

☐ Ja

☐ Nein

Sind ihre Haare kurz?

☐ Ja

☐ Nein

Hat er Geburtstag?

☐ Ja

☐ Nein

Saki und Haruki kommen

Seine Haare sind

Am 10.03. ist

Sein Hobby ist

Ihr Vater heißt Igor und ihre

Seine Augen sind

Tim hat Sommersprossen

Mara ist zehn

braun und lockig.

Fahrradfahren.

aus Japan.

ihr Geburtstag.

und eine Brille.

Jahre alt.

Mutter heißt Alexandra.

groß und grün.

| 10 | 20 | 30 | 40 | 50 |
|---|---|---|---|---|
| zehn | zwanzig | dreißig | vierzig | fünfzig |

| 60 | 70 | 80 | 90 | 100 |
|---|---|---|---|---|
| sechzig | siebzig | achtzig | neunzig | hundert |

10 ____________________

20 ____________________

30 ____________________

40 ____________________

50 ____________________

60 ____________________

70 ____________________

80 ____________________

90 ____________________

100 ____________________

| | | | |
|---|---|---|---|
| 93 | dreiundneunzig | 25 | |
| 46 | sechsundvierzig | 91 | |
| 81 | einundachtzig | 66 | |
| 24 | | 43 | |
| 52 | | 82 | |
| 68 | | 39 | |
| 35 | | 54 | |
| 87 | | 97 | |

Zahlen

| | |
|---|---|
| 32 | zweiunddreißig |
| | einundvierzig |
| | neunundzwanzig |
| | sechsundfünfzig |
| | neunundsechzig |
| | dreiundachtzig |
| | fünfundneunzig |
| | siebenunddreißig |

| | |
|---|---|
| | vierunddreißig |
| | siebenundsiebzig |
| | fünfundfünfzig |
| | einundzwanzig |
| | sechsundachtzig |
| | zweiundneunzig |
| | achtunddreißig |
| | vierundsechzig |

- ☐ sechsundsechzig
- ☐ vierundzwanzig
- ☒ sechsundzwanzig

- ☐ neunundneunzig
- ☐ neunundsiebzig
- ☐ neununddreißig

- ☐ vierundachtzig
- ☐ vierundsiebzig
- ☐ sechsundachtzig

- ☐ dreiundzwanzig
- ☐ vierundsechzig
- ☐ dreiundsechzig

- ☐ achtundfünfzig
- ☐ neunundzwanzig
- ☐ achtundvierzig

- ☐ hundert
- ☐ zwanzig
- ☐ fünfzig

- ☐ zweiundsiebzig
- ☐ zweiundneunzig
- ☐ dreiunddreißig

- ☐ sechsundfünfzig
- ☐ siebenunddreißig
- ☐ siebenundachtzig

drei Uhr
sechs Uhr
halb drei
halb neun

Viertel vor

acht

Viertel nach

sieben

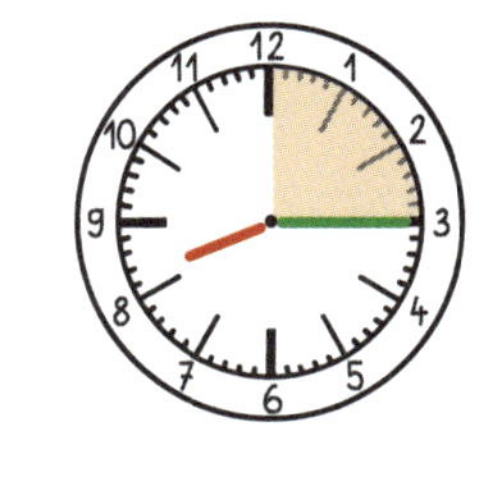

sieben Minuten

vor sieben

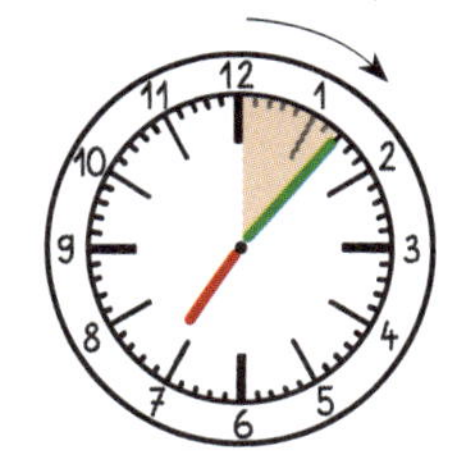

sieben Minuten

nach sieben

Viertel
nach neun

fünf Minuten
vor sieben

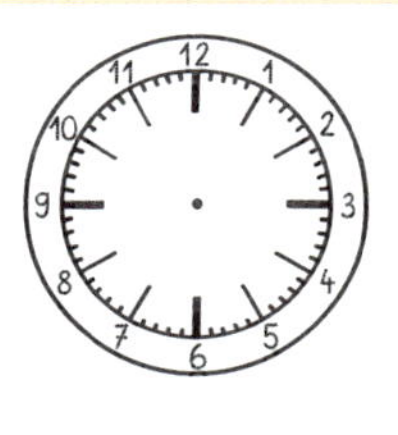

halb acht

Viertel
vor zwei

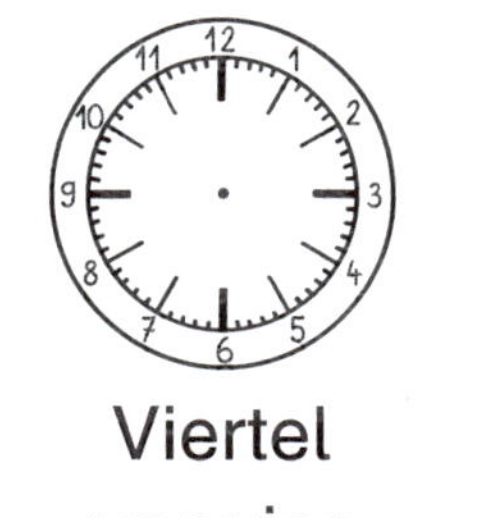

Viertel
vor vier

zehn Minuten
vor zwei

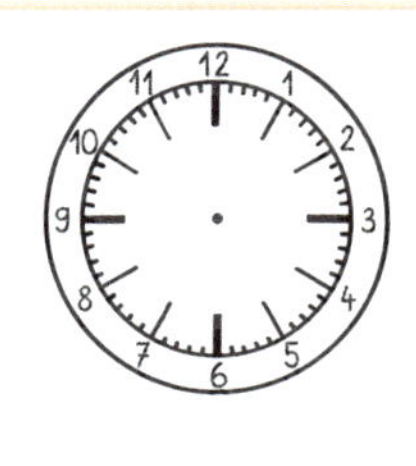

sieben Uhr

zwanzig Minuten
nach acht

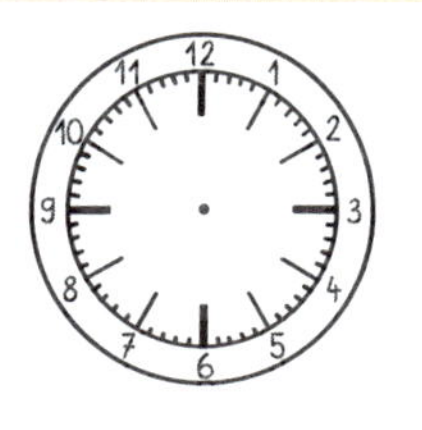

halb elf

zwölf Minuten
nach sechs

zwanzig Minuten
vor fünf

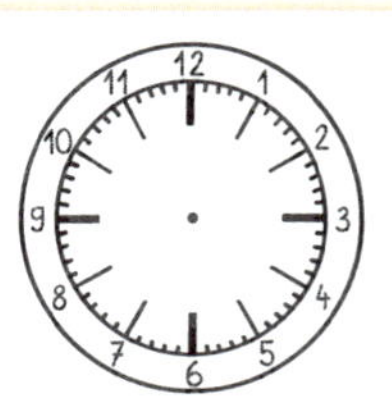

Viertel
nach zehn

Wie spät ist es?

Es ist acht Uhr.

Wie spät ist es?

.

Wie spät ist es?

Es ist halb zehn.

Wie spät ist es?

.

Wie spät ist es?

Es ist

.

Wie spät ist es?

.

?

.

?

.

Es ist drei Minuten vor neun.

Es ist Viertel vor drei.

Es ist halb zwölf.

Rana hat eine Brille.

Zweiundzwanzig Mäuse

Erik reitet gerne.

Ich wohne in Deutschland.

Es ist acht Uhr.

In 15 Minuten ist es 3 Uhr.

In 30 Minuten ist es 12 Uhr.

In drei Minuten ist es 9 Uhr.

Sein Pferd ist schnell.

Ihre Brille ist rot.

haben vierundvierzig Ohren.

Ich renne in die Schule.

Meine Stadt heißt Berlin.

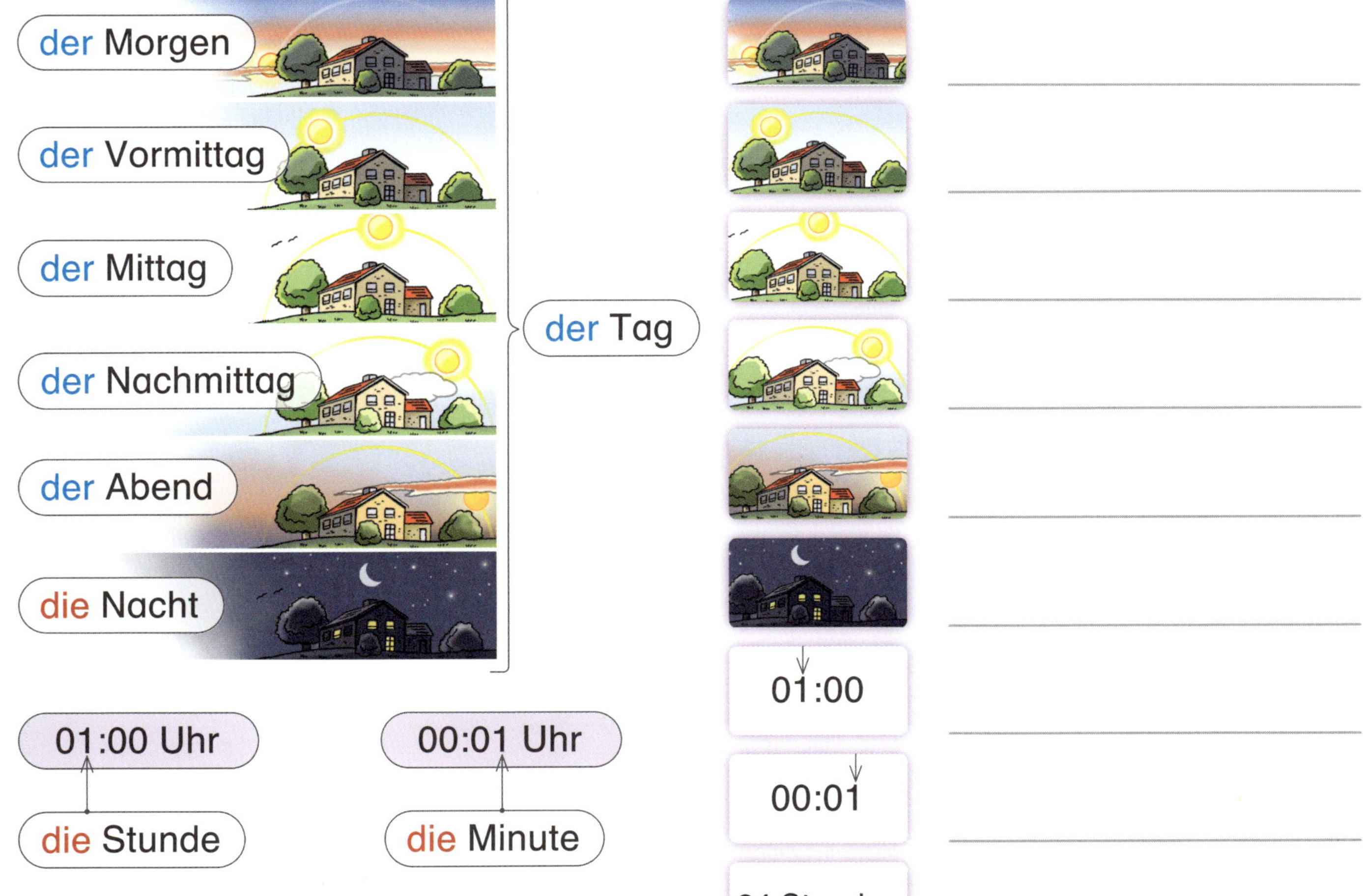
der Morgen
der Vormittag
der Mittag
der Nachmittag
der Abend
die Nacht
der Tag
01:00 Uhr
00:01 Uhr
die Stunde
die Minute
01:00
00:01
24 Stunden

Tageszeiten

☐ der Mittag
☐ die Nacht

☐ der Morgen
☐ der Vormittag

☐ der Vormittag
☐ die Nacht

☐ der Mittag
☐ der Abend

☐ der Morgen
☐ der Nachmittag

☐ der Abend
☐ die Nacht

☐ der Vormittag
☐ der Abend

☐ der Morgen
☐ der Nachmittag

☐ der Mittag
☐ der Abend

☐ der Vormittag
☐ die Nacht

Singular / Plural

Morgen → Vormittag

Nachmittag → Abend

Mittag → ______

Abend → ______

Nachmittag → ______

Nacht → ______

Morgen → ______

Vormittag → ______

Nacht → ______

Nachmittag → ______

Morgen → ______

Mittag → ______

Vormittag → ______

Abend → ______

| | | | |
|---|---|---|---|
| Sie | spielen | am Abend | ein Buch. |
| Ich | lesen | am Mittag | Gitarre. |
| Wir | trinken | am Nachmittag | ein Bild. |
| Du | kochen | am Vormittag | eine Milch. |
| Ihr | malen | am Morgen | Möhren. |

! Mehrere Lösungen sind möglich. Die Verben müssen konjugiert werden.

Oma kocht am

Am Vormittag schreibe

Mama und Papa

Am Abend essen

Am Morgen trinke

Ali, Elif und Sarah fahren am

Ein Tag hat

Eine Stunde hat

ich in mein Heft.

Mittag Kartoffeln und Mais.

wir Brot und Käse.

tanzen verliebt am Abend.

vierundzwanzig Stunden.

sechzig Minuten.

Nachmittag Inliner.

ich Tee und Milch.

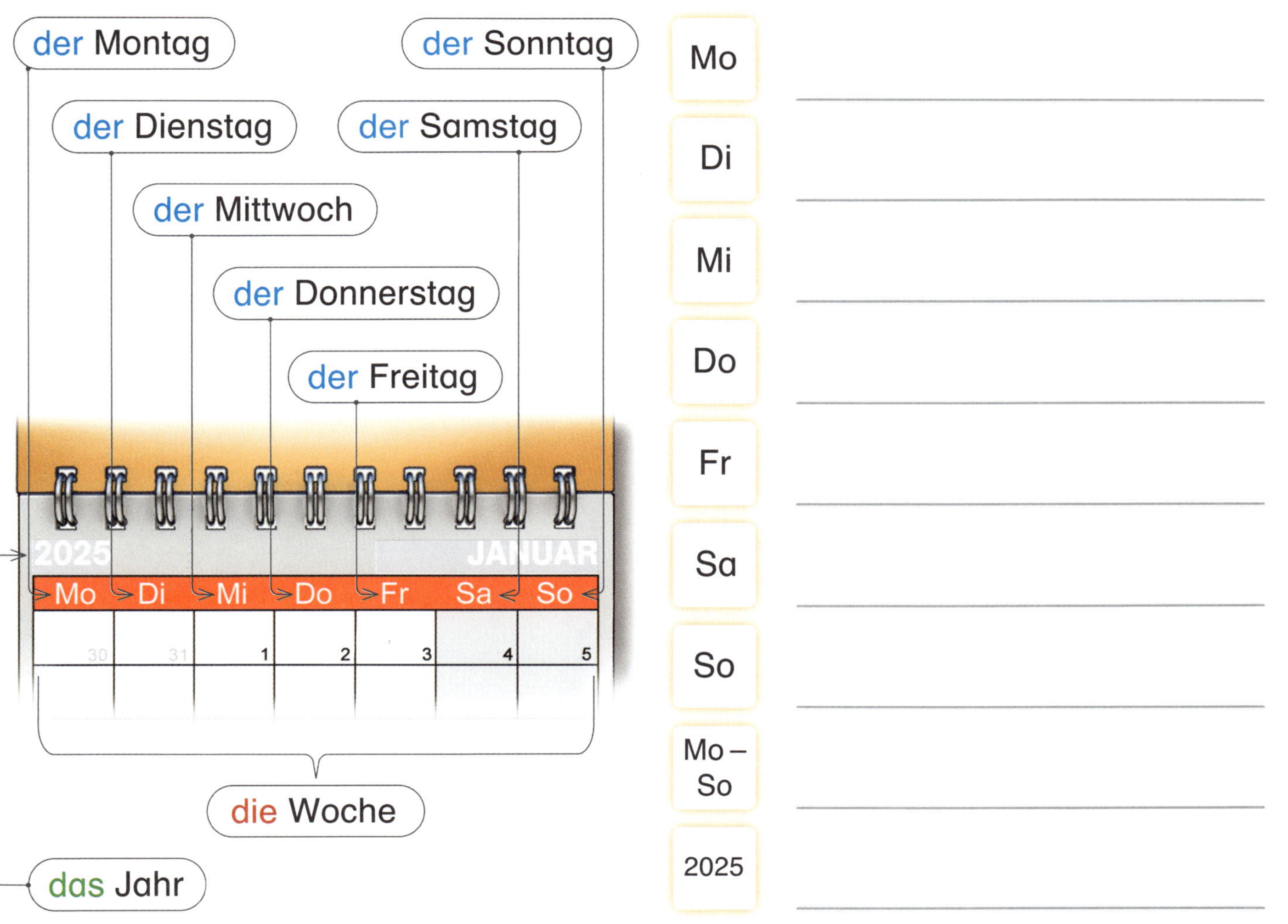
der Montag
der Sonntag
der Dienstag
der Samstag
der Mittwoch
der Donnerstag
der Freitag
2025
JANUAR
Mo
Di
Mi
Do
Fr
Sa
So
30
31
1
2
3
4
5
die Woche
das Jahr
Mo
Di
Mi
Do
Fr
Sa
So
Mo – So
2025

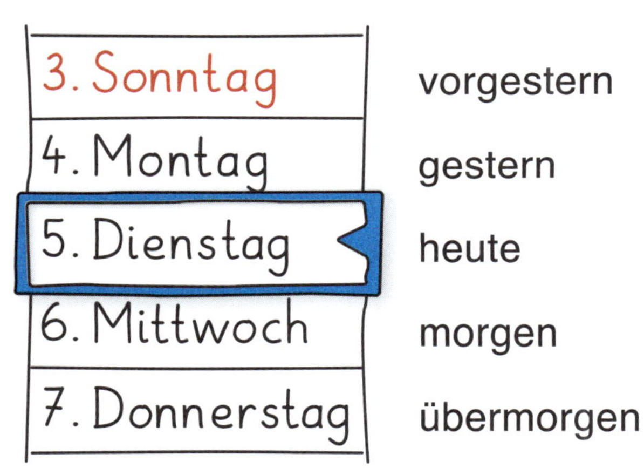


vorgestern

gestern

heute

morgen

übermorgen

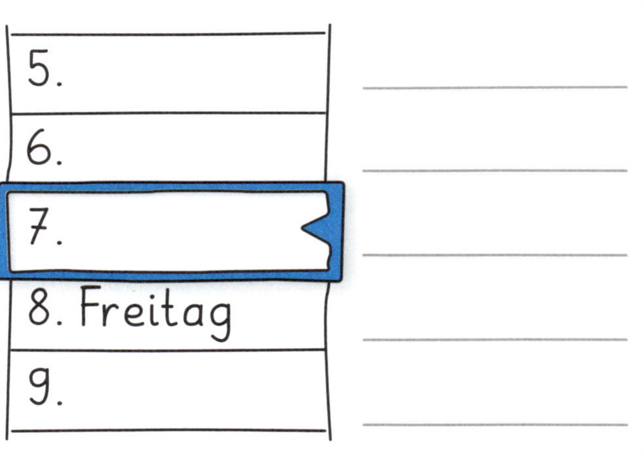


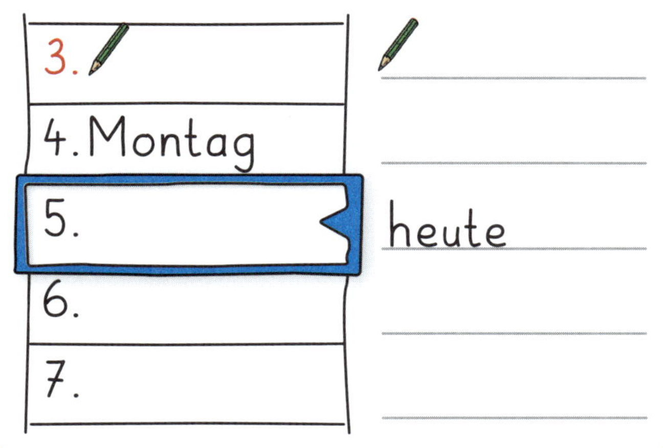


heute

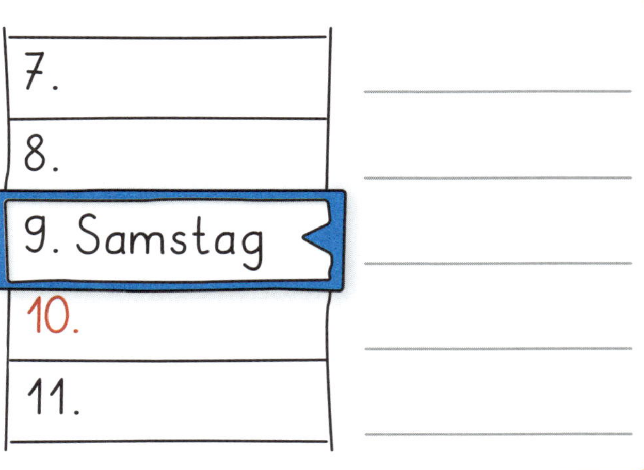

Heute ist Donnerstag.
Welcher Tag ist morgen?

Freitag

Gestern war Samstag.
Welcher Tag ist morgen?

Heute ist Montag.
Welcher Tag war gestern?

Morgen ist Samstag.
Welcher Tag ist heute?

Gestern war Mittwoch.
Welcher Tag ist heute?

Morgen ist Freitag.
Welcher Tag war gestern?

Heute ist Donnerstag.
Welcher Tag ist übermorgen?

Heute ist Donnerstag.
Welcher Tag war vorgestern?

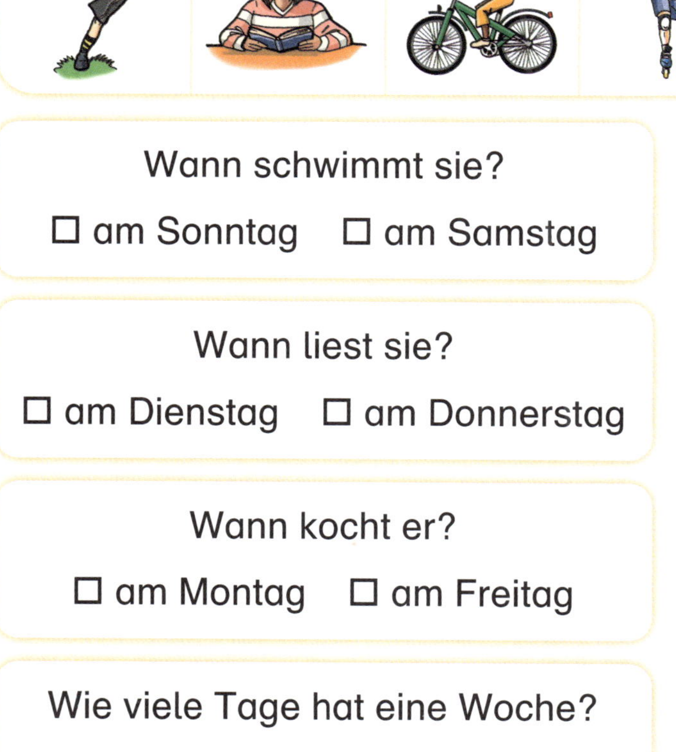

Wann schwimmt sie?

☐ am Sonntag ☐ am Samstag

Wann liest sie?

☐ am Dienstag ☐ am Donnerstag

Wann kocht er?

☐ am Montag ☐ am Freitag

Wie viele Tage hat eine Woche?

☐ fünf Tage ☐ sieben Tage

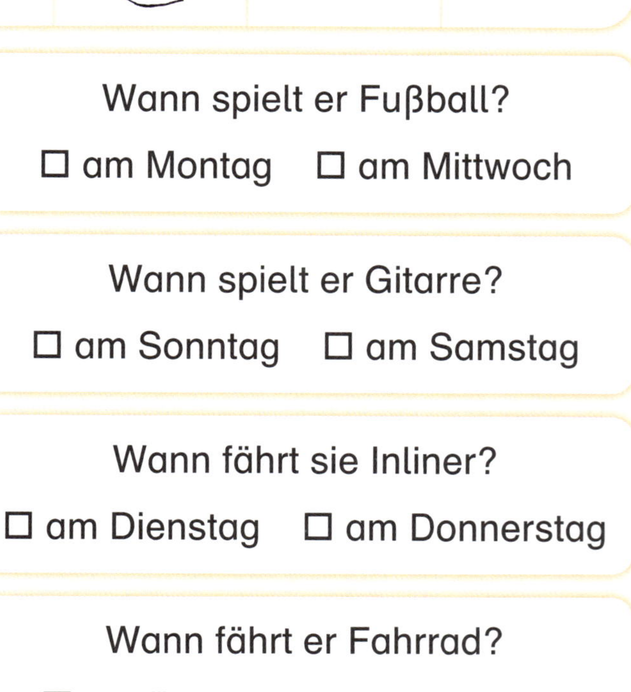

Wann spielt er Fußball?

☐ am Montag ☐ am Mittwoch

Wann spielt er Gitarre?

☐ am Sonntag ☐ am Samstag

Wann fährt sie Inliner?

☐ am Dienstag ☐ am Donnerstag

Wann fährt er Fahrrad?

☐ am Freitag ☐ am Mittwoch

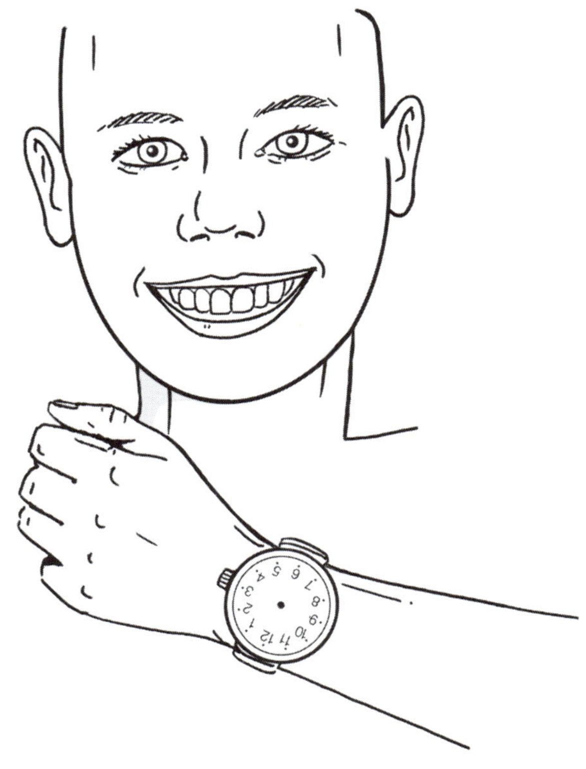

- ☐ Das ist Elena.
- ☐ Sie ist vierzehn Jahre alt.
- ☐ Ihre Haare sind braun und lockig.
- ☐ Elena hat eine Zahnspange
- ☐ und eine grüne Brille.
- ☐ Ihre Augen sind blau.
- ☐ Elena ist glücklich.
- ☐ Heute ist ihr Geburtstag.
- ☐ Sie hat eine neue Uhr.
- ☐ Es ist halb drei.

! Das Ankreuzen der Kästchen erleichtert nach dem Malen die Rückorientierung im Text.

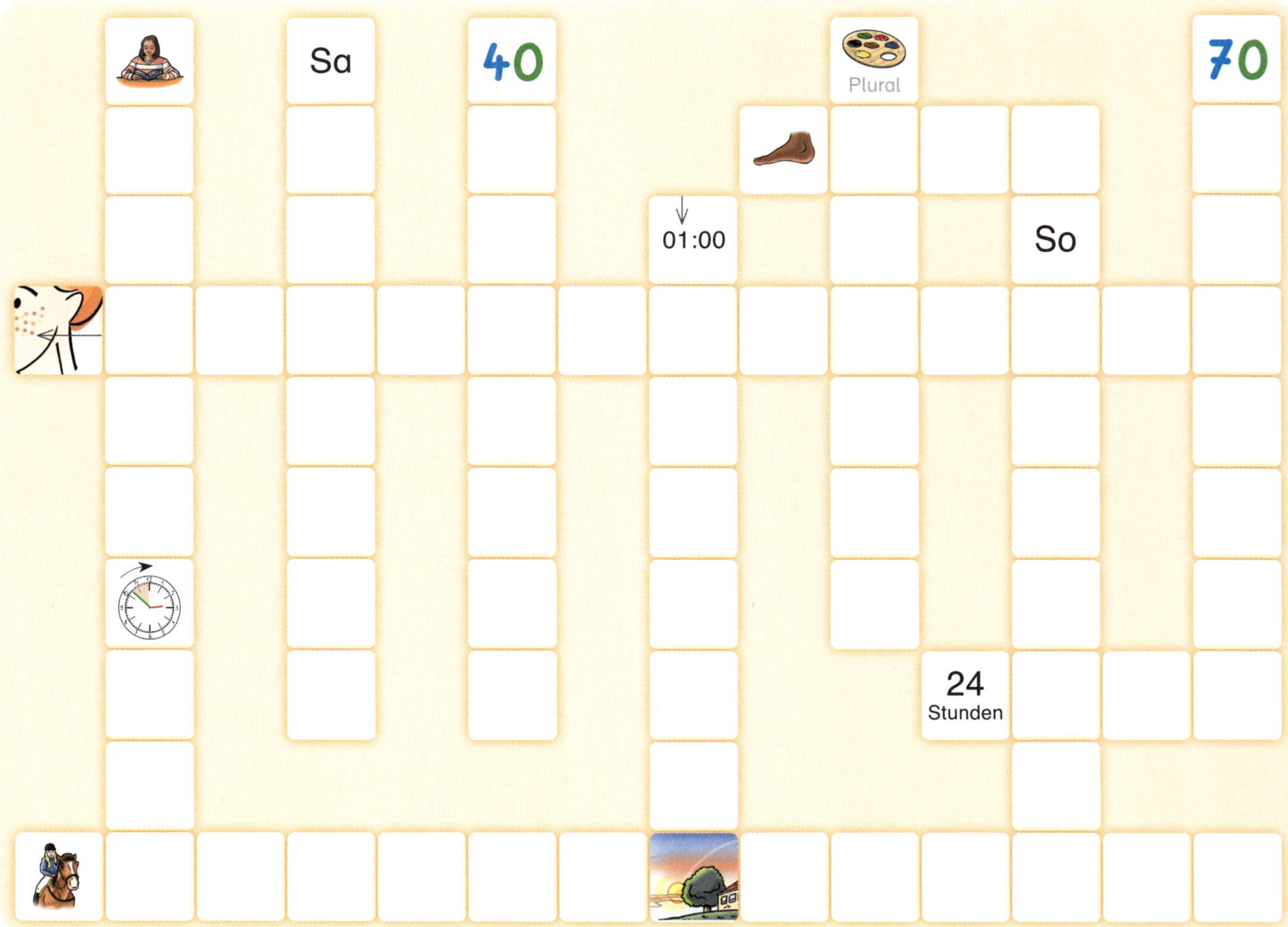
Sa
40
Plural
70
01:00
So
24
Stunden

90
10
20
2025

## Hobby

Fahrrad fahren

Inliner fahren

Gitarre spielen

Fußball spielen

kochen

lesen

reiten

schwimmen

tanzen

## Possessivartikel

sein
seine

ihr
ihre

mein
meine

dein
deine

## Ich und du

blond

glatt

lockig

lang

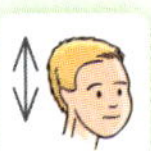
kurz

der Geburtstag,
die Geburtstage

die Farbe,
die Farben

die Sommersprosse,
die Sommersprossen

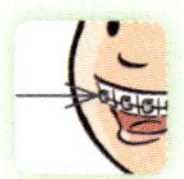
die Zahnspange,
die Zahnspangen

## Zahlen

| | |
|---|---|
| 10 | zehn |
| 20 | zwanzig |
| 30 | dreißig |
| 40 | vierzig |
| 50 | fünfzig |
| 60 | sechzig |
| 70 | siebzig |
| 80 | achtzig |
| 90 | neunzig |
| 100 | hundert |

## Uhr

 die Uhr,
die Uhren

 halb

 Viertel

 vor

 nach

## Wochentage

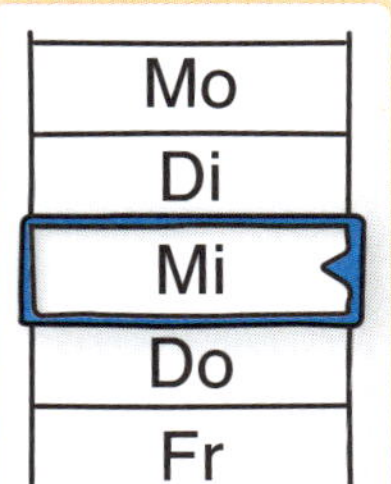


vorgestern
gestern
heute
morgen
übermorgen

## Wochentage

der Montag,
die Montage

der Dienstag,
die Dienstage

der Mittwoch,
die Mittwoche

der Donnerstag,
die Donnerstage

der Freitag,
die Freitage

der Samstag,
die Samstage

der Sonntag,
die Sonntage

Mo - So
die Woche,
die Wochen

2025
das Jahr,
die Jahre

## Tageszeiten

 der Morgen,
die Morgen

 der Vormittag,
die Vormittage

 der Mittag,
die Mittage

 der Nachmittag,
die Nachmittage

 der Abend,
die Abende

der Tag,
die Tage

 die Nacht,
die Nächte

die Minute,
die Minuten

die Stunde,
die Stunden

## Bestimmte Artikel

Der, die, das sind Artikel. Fast alle Nomen haben einen Artikel. Die Zuordnung der Artikel ist nicht regelhaft. Lerne deshalb die Artikel mit den Nomen mit. Die Farben können dir dabei helfen.

## Plural

Es gibt verschiedene Pluralformen.
Der Artikel ist immer die.
Meist wird eine Endung ergänzt
(die Birne – die Birnen).

Manchmal ändert sich auch der Vokal
(das Dach – die Dächer).
Einige Wörter bleiben unverändert
(der Stiefel – die Stiefel).

Eine Regelanwendung ist kaum möglich. Lerne deshalb die Pluralformen mit.

## Verben

Verben verändern sich, wenn unterschiedliche Pronomen (Fürwörter) vorausgehen. Verben können sich regelhaft oder unregelhaft verändern. Unregelmäßige Verben im Präsens sind durch einen lila Rahmen gekennzeichnet.

| | |
|---|---|
| ich | koche |
| du | kochst |
| er, sie, es | kocht |
| wir | kochen |
| ihr | kocht |
| sie | kochen |

| | |
|---|---|
| ich | lese |
| du | liest |
| er, sie, es | liest |
| wir | lesen |
| ihr | lest |
| sie | lesen |

Grammatik

## W-Fragen
ab Seite 17

Offene Fragen, die mit einem Fragewort (W-Wort) eingeleitet werden.

– **Wann** hat sie Geburtstag?

– **Welche** Farbe haben deine Augen?

## Ja/Nein-Fragen
ab Seite 4

Fragen, auf die man als Antwort ein Ja oder Nein erwartet.
Die Fragen werden nicht mit einem W-Wort eingeleitet.
Das Verb steht an erster Stelle.

– **Liest** er ein Buch? Ja.

– **Hat** sie eine Brille? Nein.

## Possessivartikel (im Nominativ)
ab Seite 7

Sie zeigen an, wem etwas gehört.

| | | | | | |
|---|---|---|---|---|---|
| Singular | der Hund | **mein** Hund | **dein** Hund | **sein** Hund | **ihr** Hund |
| | die Katze | **meine** Katze | **deine** Katze | **seine** Katze | **ihre** Katze |
| | das Huhn | **mein** Huhn | **dein** Huhn | **sein** Huhn | **ihr** Huhn |
| Plural | die Hunde | **meine** Hunde | **deine** Hunde | **seine** Hunde | **ihre** Hunde |

## Präpositionen (aus, in)

Sie kommt **aus** Italien.
Ich schreibe **in** mein Heft.

## Präpositionen mit Artikel (am, im)

Er kocht **am** Abend.
Du schwimmst **im** Wasser.

Grammatik

ISBN 978-3-96081-204-3
Bestellnr. 1204